EXTRAITS

DU

JOURNAL « LA REDENCION »

PUBLIÉ EN LANGUE ESPAGNOLE A SANTIAGO DEL ESTERO

CHEF-LIEU DE LA PROVINCE DE MÊME NOM, DANS LA RÉPUBLIQUE ARGENTINE.

BORDEAUX
IMPRIMERIE G. GOUNOUILHOU
11, RUE GUIRAUDE, 11
—
1876

IMPRIMERIE G. GOUNOUILHOU,

DÉCLARATION.

L'imprimeur soussigné déclare être dans l'intention d'imprimer *Extrait du journal « La Gironde »*

Nom de l'Auteur.... *Gounouilhou*

Format............ *in-8°*

Nombre de feuilles... *1*

Nombre d'exemplaires. *50*

Bordeaux, le *10 septembre* 1876

G. Gounouilhou

EXTRAITS
DU
JOURNAL « LA REDENCION »

PUBLIÉ EN LANGUE ESPAGNOLE A SANTIAGO DEL ESTERO

CHEF-LIEU DE LA PROVINCE DE MÊME NOM, DANS LA RÉPUBLIQUE ARGENTINE.

Numéro du Jeudi 6 mai 1875.

DON PEDRO SAN GERMÉS.

Le laborieux et riche propriétaire foncier étranger, l'un des premiers capitalistes du pays, don Pierre Saint-Germés, part demain pour sa patrie, la France, en compagnie de son estimable frère don Paul et de deux autres de leurs compatriotes.

Les libelles et les apologies ne sont peut-être généralement « que le dialogue d'un écrivain avec ses passions ». Mais il est dans la conscience de toute cette ville, et nous pourrions bien dire de toute la République, que M. Saint-Germés est digne de cet acte sincère de justice; oui, de toute la République, car ses relations commerciales et amicales s'étendent de Buenos-Ayres à Jujuy.

Les puissants du Vieux-Monde honorent à leur manière les grands de ces royaumes avec des diplômes ou des lettres de créance, dans lesquels les vains titres de *Majesté* et de *Noblesse* font le principal orgueil de celui à qui l'on octroie de telles paperasses.

Parmi nous, « *l'unique et la vraie majesté est l'opinion publique,* » qui élève plus haut le plus travailleur et le plus vertueux, quels que soient son berceau et son origine. Comme représentant de cette souveraine opinion publique, nous décernons à M. Saint-Germés, au moment de son départ, le titre d'*Ouvrier distingué de la civilisation, membre honorable de la Société démocratique de Santiago del Estero.*

M. Saint-Germés est un de ces émigrants qui, à force de travail, de constance, d'honorabilité, d'intelligence, etc., conditions qui se trouvent rarement réunies en un seul homme et qui, étant comme la force motrice du progrès humain, édifient en Amérique les fortunes les plus dignes d'envie, parce qu'elles sont les plus honorables;

Des fortunes grandement utiles à la société;

Des fortunes qui font réellement partie de la richesse commune active et reproductrice;

Des fortunes qui répandent leurs immenses bienfaits dans toutes les classes de la société, animant et encourageant l'industrie, concourant à la réalisation du bien-être général; non des fortunes immobilisées, perdues pour la société; des fortunes égoïstes qui ne font qu'avilir leurs possesseurs et engendrer des haines et des bassesses; et c'est là le propre de beaucoup. Celle de M. Saint-Germés est enfin une de ces fortunes qui sont de vrais exemples de morale, des leçons sublimes démontrant que le travail fait le bonheur de l'homme sur la terre.

M. Saint-Germés est un commerçant heureux et de génie;

Un homme désintéressé, charitable, de progrès;

Riche sans orgueil;

Digne sans vanité;

Ami des pauvres et des riches; utile aux uns comme aux autres.

M. Saint-Germés revient dans sa patrie ennobli, nous pouvons le dire, par cette fortune qui, pour beaucoup d'autres, est un sujet de corruption et de dégradation.

M. Saint-Germés fait honneur à la fortune même qu'il a acquise à la sueur de son front et qu'il laisse à Santiago; il est de ceux qui professent cette saine doctrine: « L'argent ne sera jamais un titre s'il n'est dans des mains pures, bienfaisantes et vertueuses. »

M. Saint-Germés, par les services rendus directement à la société, soit en présidant des Commissions importantes ayant pour objet le progrès du pays, soit en faisant partie d'autres Commissions humanitaires, comme la Commission de secours aux inondés et la Commission philanthropique qui fut formée lorsque le choléra fondit sur cette ville — Commission qui mérita de si justes applaudissements tant du gouvernement que de la population, — ainsi que beaucoup d'autres Commissions, telles que celle d'immigration, dont il est le président, et qu'il a aidée généreusement de ses moyens personnels, avançant des fonds sans intérêts, amenant et transportant gratis des immigrants dans ses nombreuses charrettes, en entretenant d'autres à sa table, etc., etc.; M. Saint-Germés, disons-nous, figure en première ligne parmi les hommes les plus utiles et les plus chers au pays.

Nous ne pouvons nous étendre davantage.

Qu'il trouve le suprême bonheur dans la chère patrie où il retourne.

Que ses possessions et ses affaires continuent de prospérer ici sous la direction de son digne émule, son frère don Jean.

Que nous tous, ses amis, puissions avoir le bonheur de l'embrasser de nouveau de retour dans ce pays, qui l'aime comme son propre enfant.

Quant à nous-même,...... que lorsqu'il s'approchera d'une partie du Vieux-Monde qui aussi nous est chère, qu'il la salue en passant au nom d'un des nombreux pèlerins qui ne reviendront point dans leur patrie; mais qui, enfants reconnaissants, auront un soupir d'amour à lui envoyer à travers l'espace.

Bon voyage à M. Saint-Germés et à ses compagnons.

Numéro du 9 Mai 1875.

Nouvelles.

ADIEUX A M. PIERRE SAINT-GERMÉS.

Il serait superflu de dire que le banquet d'adieux, de cent couverts, que M. Saint-Germés a donné à tous ses amis, étrangers et enfants du pays, a été splendide.

Parler des mets exquis, du spectacle matériel, ne serait qu'occuper l'espace inutilement.

Tous les assistants ont, à l'envi, donné à M. Saint-Germés les plus sincères témoignages de leur estime. Il en a lui-même donné à tout le monde.

Beaucoup de personnes ont pris la parole.

De tout ce qui a été dit, nous ne pouvons, sans oublier ce qu'ont dit le sympathique héros du Paraguay colonel Olmedo, don Rosanio Carol et autres messieurs, nous ne pouvons, disons-nous, rapporter que le discours de M. don Pablo Vella, ainsi que les quelques paroles qui furent lues par un autre des assistants qui a le malheur de manquer de mémoire.

Voici ces paroles que nous donnons d'abord, parce que la copie en est plus tôt prête :

« Messieurs,

« Pour faire des actes de justice, pour interpréter exactement les nobles sentiments qui animent une réunion de citoyens d'élite comme ceux qui, en ce moment, ont la bonté d'écouter mon humble parole; pour payer un tribut sincère d'admiration rationnelle aux objets sublimes qui, autour de l'homme mortel et au fond même de son esprit, luttent avantageusement avec les viles bassesses et les misères qui nous entourent aussi; en un mot, Messieurs, pour glorifier sincèrement le bien de cette terre, il est plus nécessaire d'avoir du cœur que de l'éloquence et de la tête.

» Je suis dans ce cas, Messieurs; j'aime de cœur tout ce qui contribue à la félicité humaine, tout ce qui l'élève et la rend forte et puissante pour ces grandes conquêtes qui, nous pourrions le dire, sont la religion véritable et universelle, l'honneur du Tout-Puissant.

» Voilà pourquoi j'ose vous prier de m'écouter.

» La dernière relation naturelle et historique existant entre toutes les choses contemporaines de ce monde étant donnée, j'ose soutenir que nous nous trouvons dans l'enceinte d'un grand monument qui n'a pas moins de mérite que les Pyramides d'Égypte. Un spectacle de culture intellectuelle, de fraternité et de félicité générale, comme celui que présente cette table splendide environnée de personnages publics, de militaires de haut grade, d'hommes purement travailleurs et de diverses classes de la société, de provinces et de nations différentes, formant une vraie famille démocratique *américaine*, à Santiago del Estero, et dans le grenier même du moulin à vapeur, et sous les yeux un dépôt de blé qui symbolise l'agriculture, richesse des peuples, et là, tout près, les chaudières qui jamais ne se refroidissent, symboles de l'industrie, du progrès des peuples et de l'activité humaine que j'appelle la *vapeur de la Providence divine;* je crois, Messieurs, que tout cela constitue un tableau bien beau et bien digne d'attention.

» A une époque où le pays a eu à traverser des circonstances douloureuses que je rappellerai seulement en passant, le meilleur argument que l'on pouvait faire valoir en faveur de l'honneur et de l'avenir de Santiago del Estero, dont les misères et l'aridité du sol ont été trop exagérées, le meilleur argument, dis-je, que l'on a toujours mis en avant, c'était le moulin à vapeur de M. Saint-Germés. Son blé, de meilleure qualité que beaucoup d'autres, même ainsi produit sans culture, et sa farine primée à l'exposition nationale de Cordoba, prouvent éloquemment que l'homme peut vivre ici, qu'il peut y travailler, s'y enrichir jusqu'à devenir puissant, et y ressentir aussi bien qu'ailleurs les heureux effets de la civilisation. Voilà pour un point de vue.

» Sous un autre aspect non moins important, et abstraction faite de l'immensité des bienfaits matériels que le moulin à vapeur a répandus jusqu'au delà des limites de la province, portant en triomphe l'industrie de Santiago jusque dans des lieux où l'on ne croyait pas qu'elle pût exister; je crois que l'on pourrait traduire les sifflements non interrompus de cette machine et son mouvement presque continuel comme si c'était un cri d'encouragement adressé à la population de Santiago, et conçu à peu près ainsi : « Travaille et tu t'enrichiras, et tu seras libre! La lumière a pénétré avec moi dans ce pays! Travaillons et espérons! Je condamne la barbarie. Je conspire aussi avec vous, dignes amis de la liberté et du progrès! »

» Près de nous, Messieurs, existe un petit palais enduit

de stuc et artistement orné de moulures et de fleurs en plâtre. Le carrelage est en marbre d'Italie. C'est le produit palpable, le résultat du travail, de l'industrie de l'étranger et de l'enfant de Santiago. Je désire qu'on me dise si les colléges et les livres offrent au peuple une leçon pratique plus profitable et plus positive que celle-ci en faveur de cette grande vertu et de cette suprême nécessité humaine à qui nous devons la gloire de tous les temps : — *le saint travail.*

» Si cela est ainsi, Messieurs, il ne nous est pas possible, et moins en ce moment que jamais, de nous dispenser de récompenser avec les glorieuses manifestations de notre estime et de notre reconnaissance, les uns comme enfants, les autres comme habitants de ce pays, le digne apôtre du travail et, par conséquent, de la civilisation, don Pierre Saint-Germés, dont la noble récompense consiste dans le plaisir immense que son mérite et sa fortune lui procurent de pouvoir honorer sa maison, sa table, son vaste grenier du moulin, de la présence de tous les hommes qui composent tout ce qu'il y a de plus digne, de plus intelligent, de plus moral, de plus respectable; de tous les hommes, en un mot, les plus honorables et les plus laborieux que possède aujourd'hui le pays.

» Je n'offenserai certainement personne en disant que M. Saint-Germés est l'immigrant qui fait le plus d'honneur à tous les étrangers qui avons foulé cette terre sous nos pieds; qu'il est le type de l'Européen que demande l'Amérique et dont elle a besoin; que, puisqu'il a su s'agrandir, c'est un grand homme qui, de la position humble, mais honorable de simple travailleur, s'est élevé à la hauteur où il se trouve sans rien perdre de sa valeur morale, mais, bien au contraire, en l'augmentant, quoique l'argent ait plus communément pour effet de l'enlever que de la donner — cet argent que, par une insulte méritée, on appelle *Roi.*

» Messieurs, dans Santiago, où M. Saint-Germés a vécu onze ans, il n'y aura pas une seule voix qui puisse s'élever en opposition à mes justes louanges et dire : « M. Saint-Germés » m'a fait un peu de mal. »

» Messieurs, en finissant je demande qu'ici même, à cette table même — car je suis persuadé que tout le monde pense comme moi — nous signions le document que j'ai à la main et dont je vais vous donner lecture ; ce sera comme une lettre de créance républicaine qui accompagnera M. Saint-Germés dans sa patrie, comme un témoignage qu'en Amérique, et jusque dans Santiago même, les hommes comme M. Saint-Germés sont aimés et honorés du peuple.

» Comme corollaire de tout ce que j'ai dit de M. Saint-Germés, je pourrais citer, Messieurs, un acte très récent de justice et de désintéressement qui l'honore, et qui, une fois de plus, vient de montrer que sa fortune est une fortune pour tous ceux qui l'entourent ; que, comme bon travailleur, il sait encourager ceux qui travaillent. C'est une belle action à laquelle, aujourd'hui même, j'ai, par hasard, été présent ; mais M. Saint-Germés est modeste, et je me tais. J'ai dit. »

« Messieurs,

» Je bois aux voyageurs, je bois à leur heureux voyage.

» Comme ils sont heureux, eux ! Mais ils ont bien mérité leur bonheur !

» L'homme qui abandonne le foyer de sa famille, qui quitte sa patrie et traverse l'Océan, affrontant les incommodités et les périls d'un voyage aussi long, les incertitudes de l'avenir sur des plages inconnues pour lui, cet homme marche guidé par une pensée depuis longtemps méditée dans son esprit : la pensée de se créer une fortune et de revenir dans sa patrie, dans sa famille, le plus tôt qu'il pourra.

» Cette pensée ne l'abandonne pas un instant ; avec elle il s'endort après le rude labeur de la journée, avec elle il se réveille, avec elle il travaille, avec elle encore il supporte les contrariétés et jouit de ses triomphes ; c'est en un mot la pensée de sa vie, le guide de sa conduite, la raison de ses œuvres, l'aspiration de son cœur.

» S'il réussit dans ses projets, si le jour tant désiré vient enfin à luire, si, arrivant là-bas, il peut s'écrier : « J'ai » atteint le but que je m'étais proposé, » cet homme a le droit de croire qu'il a rempli une mission.

» Et bien certainement, une vie de souffrances, de travail,

une vie passée dans l'exercice des vertus qui distinguent l'homme de bien, peut être regardée comme une mission sacrée, et l'on peut affirmer qu'elle a mérité à l'homme dont elle est un titre d'honneur, la reconnaissance de ses semblables au bonheur desquels il a contribué de ses œuvres et de son exemple.

» Je me fais donc, Messieurs, votre interprète, et je dis à M. Pierre Saint-Germès et à ses compagnons : « Vous » avez rempli votre mission, vous avez bien mérité de » l'humanité. »

» Que votre voyage soit heureux ; nos cœurs vous accompagnent et vous souhaitent des vents favorables, une santé parfaite, les tendres embrassements de tous ceux que vous avez chéris et que vous avez laissés en quittant le sol de votre patrie.

» Mais dans le grand bonheur qui vous attend et que nous vous souhaitons de tout notre cœur, n'oubliez pas les amis que vous laissez ici et donnez, en leur nom, un salut à la patrie bien-aimée. Dites-lui que votre pensée, que votre aspiration est aussi notre pensée, notre aspiration. Dites-lui que nous aussi, avec notre capital de moralité, d'intelligence et de travail, nous aspirons, non seulement à faire notre fortune particulière, mais aussi à contribuer au progrès et à la prospérité du pays qui nous donne l'hospitalité. Dites-lui que l'Amérique est la terre sur laquelle s'exercent toutes les vertus de l'homme et du citoyen, sur laquelle les mœurs, par leur tendre simplicité, sont encore primitives, tandis que la civilisation, par le degré de perfection qu'elle a déjà atteint, est ancienne. Enfin, vous présentant vous-mêmes comme exemples, dites-lui que l'Amérique est encore le pays de la fortune pour l'homme vertueux et travailleur.

» En revoyant les drapeaux tricolores ([1]), ces drapeaux qui ont brillé ensemble sur tant de champs de bataille, portant toujours dans leurs plis la liberté et la civilisation, dites-leur que Sédan et Custozza n'ont pas effacé les gloires indélébiles du premier Empire, de Crimée, de Magenta et de

---

([1]) Allusion aux drapeaux de la France et de l'Italie, les voyageurs étant, les uns français, les autres italiens.

Solférino, de San Martino et de Dijon; dites-leur que les enfants de la France et de l'Italie qui vivent sur le nouveau continent font des vœux ardents pour que, réunies encore comme deux sœurs, ces deux nations se mettent à la tête du mouvement d'une ère nouvelle, de cette ère qui, entrevue par les grands penseurs, germe en ce moment dans le cœur des peuples européens, et doit enfin triompher des restes de ce qui a fini son temps.

» Allez donc. Salut aux voyageurs, bon voyage aux heureux ! »

Pièce de vers de huit syllabes.

LE GRENIER DE M. SAINT-GERMÉS.

Quelle bruyante fête annonce ce joyeux orchestre que l'on entend résonner ! C'est la fête d'un ouvrier qui a converti un grenier en *temple de l'Amitié*.

C'est le fils du Travail que la Fortune nous avait amené de la Gaule, et aujourd'hui qu'il retourne dans sa patrie, nous venons, en exhalant une plainte amicale, lui faire nos adieux.

C'est l'homme de progrès qui dans une pacifique conquête sut vaincre les obstacles, et, par une juste récompense exalté, protégea le besogneux avec un noble désintéressement.

Son âme est une arche d'or dont le trésor principal a les racines dans son cœur. Béni soit celui qui avec générosité sait faire un si saint usage de sa richesse.

Béni soit celui qui encourage l'industrie et l'agriculture avec un noble zèle. Le bien qu'il a fait sera la récompense de ses sueurs.

La Fortune ingrate et impie nous enlève votre présence; il

nous reste seulement la consolation que le Ciel vous ramènera après un heureux voyage.

Lorsque la nuit, seul, vous contemplerez les ondes calmes, si vous entendez une rumeur étrange, ce sera notre pensée qui, dans les ailes du vent rapide, vous apportera notre amour.

Lorsque vous aurez franchi le drapeau tricolore de la France, dites-lui avec un noble orgueil que, de Santiago, vous rapportez votre honneur sans tache. — Moïses.

Numéro du 13 mai 1875.

ADIEUX A M. SAINT-GERMÉS.

Nous ne pouvons nous dispenser de publier le document suivant qui ne put trouver place dans le numéro précédent. Il fait honneur à un homme estimable de ce pays-ci et met en relief la justice que la société la mieux choisie rend à son mérite.

Ce document fut signé sur notre proposition au banquet d'adieux, comme expression des sentiments de tous les assistants pour M. Saint-Germés. La signature du gouverneur est en tête; elle est suivie de celles d'autres chefs militaires distingués, comme celle du colonel Olmedo, du lieutenant-colonel Cordero, du colonel Urquiza, du gérant de la Banque nationale, de fonctionnaires de la nation et de la province, de représentants du haut commerce du pays, tous appartenant à la classe la plus distinguée.

Il est regrettable que parmi ces signatures ne figurent pas celles du ministre Dr Corbalan et celle de l'aimable colonel Olascuaga qui ne purent assister au banquet. Le colonel, malgré son absence forcée, offrit gracieusement à M. Saint-Germés la musique du 9e de ligne.

Maintenant, ce qu'attend le pays au retour de M. Saint-Germés, c'est une petite colonie pour *Contreras* et une autre machine à vapeur pour l'appliquer à l'agriculture. Rien de moins.

Si notre agréable souvenir le rencontre jouissant du bonheur du foyer paternel, qu'il répète avec nous : Rien de moins.

Les soussignés enfants et habitants de Santiago del Estero font leurs adieux au cher étranger Don Pedro San Germes avec le simple mais éloquent témoignage de leur sympathie pour un si digne ouvrier de la société, signant au-dessous de ces lignes, à Santiago del Estero — ville de la République argentine — le 6 mai 1875.

> Gregorio Santillan, Lino Beltran, Sofanor de la Silva, Francisco Olivera, Francisco S. Meyans, Emilio Villar, Nicanor Gimenes, Javier M. Feijoo, P. C. Vela, Santiago Jugo, M. Gorostiaga, A. Gallo, Antonio M. del Hortal, A. Cañelas, José Lopez Romero, Antonio Luchini, Feliz O. Cordero — lieutenant-colonel, Ramon Cornet, Andres Quadiz, Claudio Arredondo, Jesus Fernandez, Jacinto Vella, José Antonio Vieyra, Pablo Romano, Jaime Risech Bas, Romualdo Gauna, José M. Compte, Natalio Tuminetti, Salustio Gondra, Emilio Funes, Rojelio P. Rivas, M. 2º de la Rosa, José Cueto, Francisco Odriozola, Benjamin Jimenez, Manuel Beltran, Juan Maurice, José Corvalan, José A. Urquiza, Pedro Gallo; Adieu, ami intime Coronel Olmedo; Rafael Gimenez, Eladio Cedron, Avelino Vieyra, Augusto Brukchan, Fidel J. de Lara, Abel Iturbes, Pablo Ferreira de la Cruz, Maximo Ruiz, Valentin Mabres Carné, Emilio Iturbe, José M. Caceres, Pablo Lascano, Bentura Garay, Antonio Gandioli, Remigio Carol, Hilarion Iramain, Augusto Helman, Bailon Gallo, Primitivo Feijoo, Julio Urquiza, Miguel Silveti, Napoleon Zavalia, Mariano Santillan, Juan S. Maclean, Luis Caroll.

Bordeaux. — Impr. G. Gornobuguot, rue Guiraude, 11.

www.ingramcontent.com/pod-product-compliance
Lightning Source LLC
Chambersburg PA
CBHW070454080426
42451CB00025B/2738